被偷走的蛋

〔英〕凯伦·华莱士 著
〔英〕杰克·哈兰 绘
〔北京顺义国际学校〕王仲超 尹盛铉 译

感谢北京京西学校GEOFFREY ANDREWS先生、王文静女士与北京顺义国际学校赵马冰如女士的策划组织，以及两校小学中文师生为这套书的出版所做的出色工作！

太阳升起来了,照着农场。突然,远处传来一个很大的声音。

"嘎!嘎!嘎!有人偷了我的蛋!"白鹅哭喊着。

侦探狗竖起耳朵,他知道自己又该去破案了。

他跑到白鹅的窝边查看，窝里空空的。

"别激动,白鹅,"侦探狗说,"我会找到你的蛋的。"

侦探狗先围着农场找了一圈,可是没找到鹅蛋。

然后他去找花猫。"你看见白鹅的蛋了吗?"他问花猫。

"没有,"花猫说,"但是我听喜鹊对白鹅说过,她做窝时选错地方了。"

"这是什么意思?"侦探狗问。

"别问我,"花猫说,"我不是鸟,我不会做窝。"

侦探狗一直在想：喜鹊的话是什么意思？

侦探狗又回去查看白鹅的窝。

侦探狗很快就找出了问题。喜鹊是对的。白鹅选错了地方,把窝做在很陡的山顶上了。

鹅蛋一定是滚下了山!

侦探狗在鹅窝里放了一块圆石头。

石头开始往山下滚。

嘭！石头打到了正坐在窝里的鸭子身上。

"嘎!嘎!"鸭子叫着跳起来。她的窝里躺着一个白色的大鹅蛋。

"你这个小偷！"白鹅叫道，"你偷了我的蛋！"

"我没有偷你的蛋!"鸭子叫道,"我在窝边发现了它,就一直在照看它。"

"安静！安静！"侦探狗说，"鸭子没有偷你的蛋，白鹅。你做窝时选错了地方。鹅蛋是自己从山上滚下来的。"

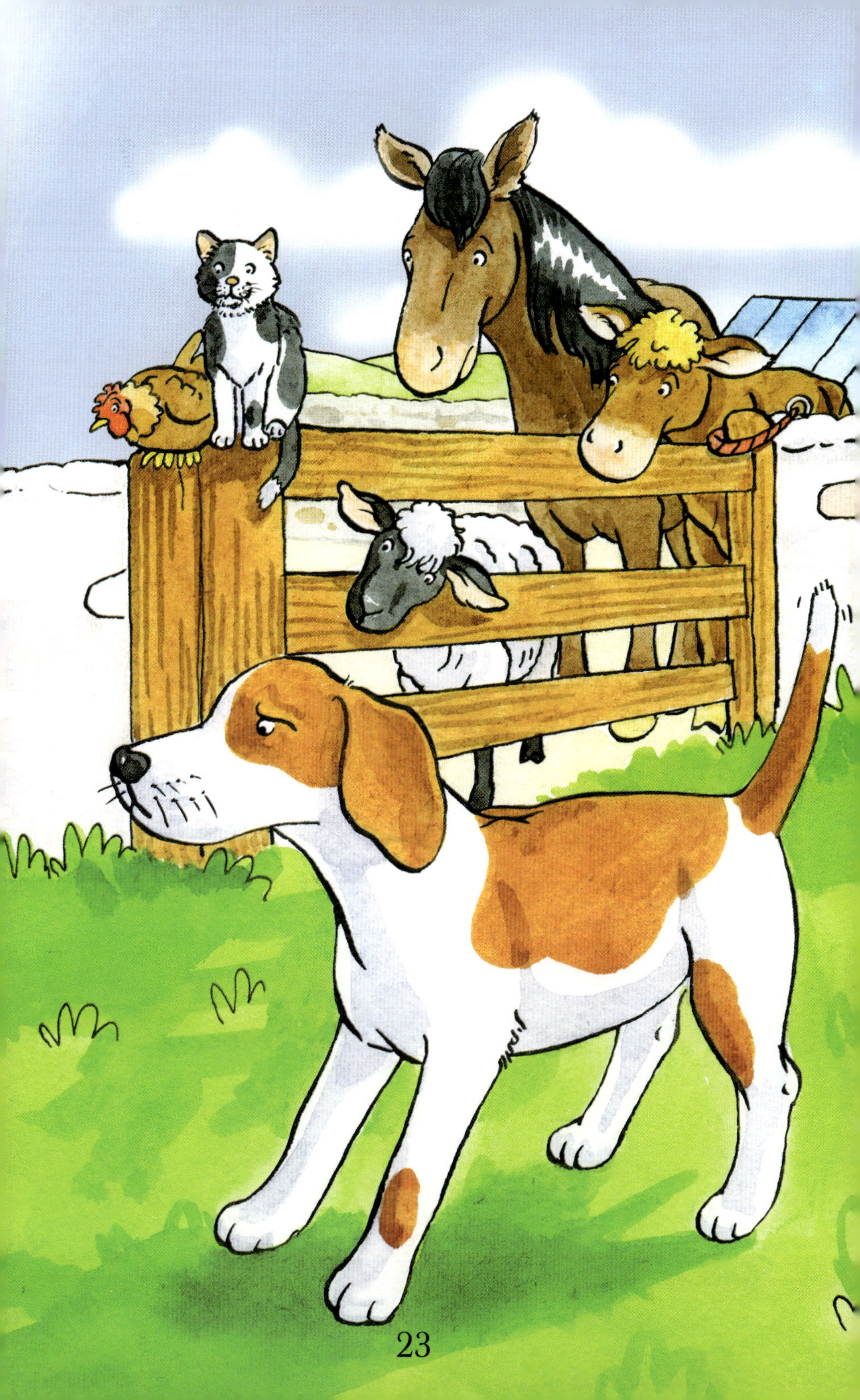

突然,大家听到一个很大的声音——"啪"。

鹅蛋裂开了,一只毛茸茸的小鹅出来了!

"我的宝贝！"白鹅叫起来。她把小鹅搂在怀里。

"对不起,我不该说你是小偷。"白鹅对鸭子说,"谢谢你照看我的蛋。"

"也谢谢你,侦探狗,"白鹅说,"你是世界上最聪明的侦探。"

"嘎!"小鹅也开心地叫起来。

START READING CHINESE is a series of highly enjoyable books for beginning learners of Chinese. It is adapted and translated from the English reader START READING. The translators are teachers and students from international schools, so the books have been carefully graded to match the Book Bands widely used in schools. This enables readers to choose books that match their own reading ability.
Look out for the Band colour on the book in our Start Reading Chinese logo.

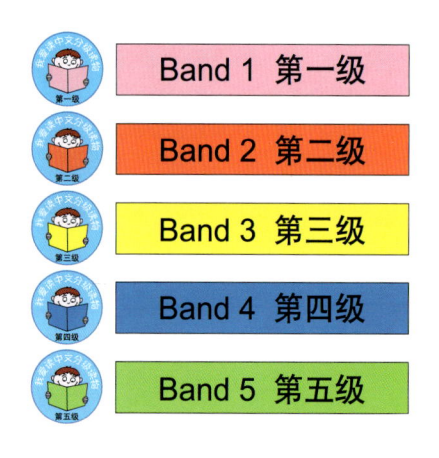

Band 1　第一级

Band 2　第二级

Band 3　第三级

Band 4　第四级

Band 5　第五级

　　《我爱读中文》是一套可读性极强的分级读物，非常适合中文初学者阅读。这套书是从英语读物 START READING 翻译改编而来，译者都是国际学校的老师和学生，他们知道同级读者的中文水平，所以，翻译时严格控制中文的难度，使之符合国际上广为采用的学校读物等级标准。这有助于读者根据自己的中文水平选择适合自己阅读的图书。

　　请注意《我爱读中文》标识上的等级色。